1 アルファベットの大文字 ①

1 アルファベットを読みながらなぞり、右に書きましょう。

エイ
A

ビー
B

スィー
C

ディー
D

イー
E

ヂー
G

エイチ
H

アイ
I

ヂェイ
J

ケイ
K

エル
L

エム
M

エン
N

オウ
O

2 読まれたアルファベットに○をつけましょう。

① A ・ H
② M ・ N
③ I ・ L
④ D ・ G

2 アルファベットの大文字 ②

1 アルファベットを読みながらなぞり、右に書きましょう。

ピー
P

キュー
Q

アー
R

エス
S

ティー
T

ユー
U

ヴィー
V

ダブリュー
W

エックス
X

ワイ
Y

ズィー
Z

2 読まれたアルファベットに○をつけましょう。

① G ・ Z

② B ・ V

③ I ・ Y

④ I ・ R

⑤ F ・ S

⑥ E ・ T

3 アルファベットの小文字 ①

1 アルファベットを読みながらなぞり、右に書きましょう。

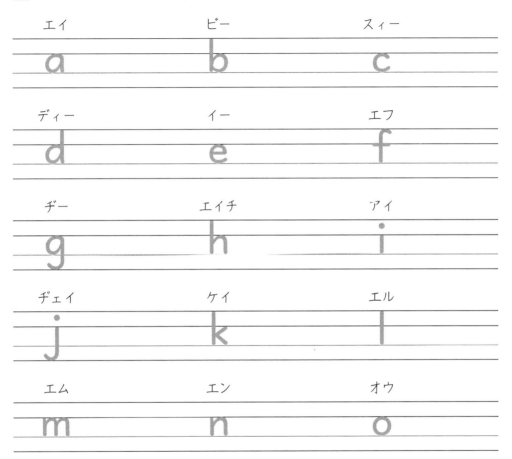

| エイ | ビー | スィー |
| a | b | c |

| ディー | イー | エフ |
| d | e | f |

| ヂー | エイチ | アイ |
| g | h | i |

| ヂェイ | ケイ | エル |
| j | k | l |

| エム | エン | オウ |
| m | n | o |

2 読まれたアルファベットに○をつけましょう。

① b ・ d   ② i ・ l

③ c ・ e   ④ g ・ j

4 アルファベットの小文字 ②

1　アルファベットを読みながらなぞり、右に書きましょう。

ピー
p

キュー
q

アー
r

エス
s

ティー
t

ユー
u

ヴィー
v

ダブリュー
w

エックス
x

ワイ
y

ズィー
z

2　読まれたアルファベットに○をつけましょう。

① p　・　q

② d　・　z

③ u　・　v

④ j　・　y

⑤ t　・　f

⑥ a　・　k

5 曜日 ①

♪ ①～④の音声（おんせい）を聞（き）き、声（こえ）に出（だ）して言（い）ってから書（か）きましょう。

① Sunday　日曜日（にちようび）

Sunday □unda□

② Monday　月曜日（げつようび）

Monday □on□ay

③ Tuesday　火曜日（かようび）

Tuesday Tu□□day

④ Wednesday　水曜日（すいようび）

Wednesday □e□nesday

練習（れんしゅう）スペース

6 曜日 ②

♪
1 音声を聞いて、聞こえた言葉を○でかこみましょう。

① Monday ・ Sunday
② 火曜日 ・ 水曜日

2 カレンダーを見て、英語で答えましょう。

4月						
月	火	水	木	金	土	日
					1	2
3	4	5	6	7	8	9
10	11	12	13	14	15	16
17	18	19	20	21	22	23
24	25	26	27	28	29	30

4月18日は何曜日ですか。

It's

7 曜日 ③

🎵 ①～③の音声を聞き、声に出して言ってから書きましょう。

① Thursday　木曜日 (もくようび)

Thursday　□hu□sday

② Friday　金曜日 (きんようび)

Friday　□r□day　F

③ Saturday　土曜日 (どようび)

Saturday　Sa□□□day

練習 (れんしゅう) スペース

8　曜日 ④

♪
① 音声を聞いて、聞こえた言葉を○でかこみましょう。

① Saturday　・　Thursday
② 木曜日（もくようび）　・　金曜日（きんようび）

② カレンダーを見て、英語で答えましょう。

5月

月	火	水	木	金	土	日
1	2	3	4	5	6	7
8	9	10	11	12	13	14
15	16	17	18	19	20	21
22	23	24	25	26	27	28
29	30	31				

5月26日は何曜日ですか。

It's

9 月 ①

🎵 ①〜⑥の音声を聞き、声に出して言ってから書きましょう。

① January 1月

January

Jan☐a☐y

② February 2月

February

Fe☐ru☐ry

③ March 3月

March

Ma☐☐h

④ April 4月

April

A☐ri☐

⑤ May 5月

May M☐y

⑥ June 6月

June Jun☐

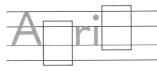

練習スペース

10 月 ②

♪
1 音声を聞いて、聞こえた言葉の記号に○をつけましょう。

① ア １月　　イ ６月　　ウ ２月

② ア ３月　　イ ５月　　ウ ４月

2 月あてクイズです。何月のことを言っているでしょうか。
日本語と英語で書きましょう。

① Jから始まる、お正月のおいわいをする月です。

（　　）月　J

② Mから始まる、ひなまつりのおいわいをする月です。

（　　）月　M

③ Aから始まる５文字の月です。

（　　）月　A

11 月 ③

🎵 ①～⑥の音声を聞き、声に出して言ってから書きましょう。

① July　7月

July

② August　8月

August

③ September　9月

September

④ October　10月

October

⑤ November　11月

November

⑥ December　12月

December

練習スペース

9月～12月は全部「ber」で終わるんだね！

12 月 ④

♪
1 音声を聞いて、聞こえた言葉の記号に○をつけましょう。

① ア　8月　　　イ　7月　　　ウ　10月

② ア　9月　　　イ　11月　　　ウ　12月

2 月あてクイズです。何月のことを言っているでしょうか。日本語と英語で書きましょう。

① A から始まる、日本ではとっても暑い月です。

（　　　）月　＿＿＿＿＿＿＿＿＿＿
＿＿＿＿＿＿＿＿＿＿
＿＿＿＿＿＿＿＿＿＿

② ber で終わる月で、1番早く来る月です。

（　　　）月　＿＿＿＿＿＿＿＿＿＿
＿＿＿＿＿＿＿＿＿＿
＿＿＿＿＿＿＿＿＿＿

③ D から始まる、クリスマスがある月です。

（　　　）月　＿＿＿＿＿＿＿＿＿＿
＿＿＿＿＿＿＿＿＿＿
＿＿＿＿＿＿＿＿＿＿

13 天気 ①

♪ ①〜④の音声を聞き、声に出して言ってから書きましょう。

① sunny 晴^はれた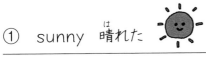

sunny □u n□ s

② rainy 雨^{あめ}の

rainy □ a□ny r

③ cloudy くもった

cloudy □lou□y c

④ snowy 雪^{ゆき}の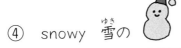

snowy □no□y s

全部^{ぜんぶ}yで終^おわっているね。y（sunnyはny）をとると
上^{うえ}から「太陽^{たいよう}」「雨^{あめ}」「くも」「雪^{ゆき}」という意味^{いみ}だよ。

14 天気 ②

♪
① 音声を聞いて、聞こえた言葉のじゅんに（　）に1〜4の番号を書きましょう。

ア　　　　　　イ　　　　　　ウ　　　　　　エ

（　　）　　　（　　）　　　（　　）　　　（　　）

② sunny → rainy → cloudy → snowyのじゅんに2回通り、ゴールまで行きましょう。つづりがまちがっているところは通れません。

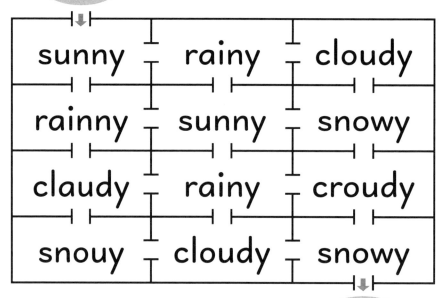

15 数 ①

① ~ ⑥の音声を聞き、声に出して言ってから書きましょう。

① **1**

one □ne o

② **2**

two t□o t

③ **3**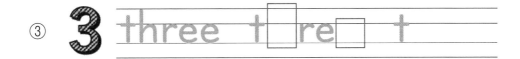

three t□re□ t

④ **4**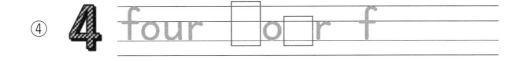

four □o□r f

⑤ **5**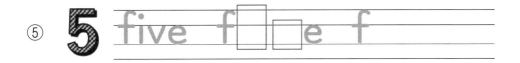

five f□□e f

⑥ **6**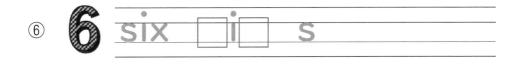

six □i□ s

16 数 ②

♪ 1 音声を聞いて、聞こえた言葉を（　）に数字で書きましょう。

①（　　　　　）　②（　　　　　）　③（　　　　　）

2 1から6まで、じゅんに通ってゴールまで行きましょう。
つづりがまちがっているところは通れません。

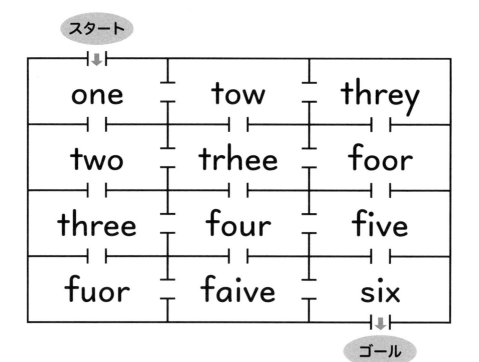

♪ ①～⑥の音声を聞き、声に出して言ってから書きましょう。

① 7　seven　se□e□s

② 8　eight　ei□t□e

③ 9　nine　□i□e n

④ 10　ten　□en t

⑤ 11　eleven　□le□en

⑥ 12　twelve　□□el□e

18 数 ④

18 数 ④

1 音声を聞いて、聞こえた言葉を（　）に数字で書きましょう。

① （　　　　　） ② （　　　　　） ③ （　　　　　）

2 7から12まで、じゅんに通ってゴールまで行きましょう。
つづりがまちがっているところは通れません。

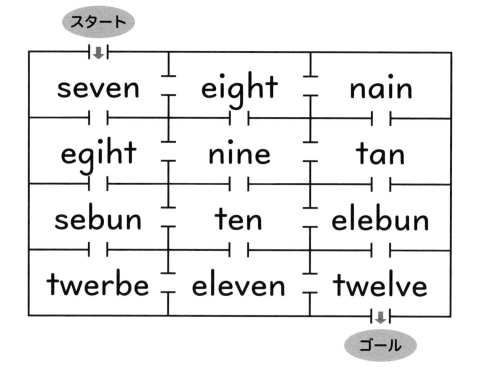

スタート

seven	eight	nain
egiht	nine	tan
sebun	ten	elebun
twerbe	eleven	twelve

ゴール

13はthirteen、14は fourteen、20はtwentyだよ。

色 ①

♪ ①〜④の音声を聞き、声に出して言ってから書きましょう。

① red　赤色

red　□e□r

② blue　青色

blue　b□u□　b

③ yellow　黄色

yellow　ye□□o□　y

④ green　緑色

green　g□ee□　g

練習スペース

20 色 ②

♪
1 音声を聞いて、聞こえた言葉の記号に〇をつけましょう。

① ア　赤色　　イ　緑色　　ウ　黄色

② ア　黄色　　イ　青色　　ウ　緑色

2 下の ▢ の言葉をタテ（↓）、ヨコ（→）の方向で見つけて
〇でかこみましょう。

red	blue	yellow	green
（赤色）	（青色）	（黄色）	（緑色）

r	b	r	u	e	r	y
a	l	g	r	e	e	n
d	u	g	r	r	e	d
y	e	l	l	o	w	n

色 ③

♪ ①～④の音声を聞き、声に出して言ってから書きましょう。

① pink　ピンク色

② purple　むらさき色

③ black　黒色

④ white　白色

練習スペース

22 色 ④

♪
1 音声を聞いて、聞こえた言葉の記号に○をつけましょう。

① ア　ピンク色　　　イ　むらさき色　　ウ　黒色

② ア　むらさき色　　イ　黒色　　　　　ウ　白色

2 下の ⬚⬚⬚ の言葉をタテ（↓）、ヨコ（→）の方向で見つけて
○でかこみましょう。

pink	purple	black	white
（ピンク色）	（むらさき色）	（黒色）	（白色）

p	u	r	p	l	e	p
i	w	h	i	t	e	e
n	b	r	a	c	k	n
k	w	b	l	a	c	k

23 単語のまとめ 1 ①

♪
1 音声を聞いて、聞こえた言葉の（　）に○をつけましょう。

① （　）火曜日
　　（　）木曜日

② （　）2月
　　（　）11月

③ （　）くもった
　　（　）雪の

④ （　）黄色
　　（　）白色

2 じゅん番になるように、言葉を書きましょう。

① four → ＿＿＿＿＿＿＿＿＿ → six

② eight → ＿＿＿＿＿＿＿＿＿ → ten

③ Sunday → ＿＿＿＿＿＿＿＿＿ → Tuesday

④ Thursday → ＿＿＿＿＿＿＿＿＿ → Saturday

⑤ April → ＿＿＿＿＿＿＿＿＿ → June

⑥ September → ＿＿＿＿＿＿＿＿＿ → November

24 単語のまとめ 1 ②

1 下の ┄┄ の言葉をタテ（↓）、ヨコ（→）の方向で見つけて
〇でかこみましょう。

7月	晴れた	雨の	黒色	緑色

r	g	J	r	a	s	u	n	n	y
J	r	u	a	g	u	r	e	i	n
u	e	r	i	b	l	a	c	k	u
l	e	r	n	u	n	b	r	e	k
y	n	y	y	e	r	r	o	s	u

2 英語で書きましょう。

① 11　　　　_____

② 7　　　　_____

③ 青色　　_____

25 くだもの ①

♪ ①〜④の音声を聞き、声に出して言ってから書きましょう。

① apple　リンゴ

apple　appl□　a

② banana　バナナ

banana　ba□a□a　b

③ orange　オレンジ

orange　or□nge　o

④ strawberry　イチゴ

strawberry　str□w□erry

練習スペース

26 くだもの ②

♪
1 音声を聞いて、聞こえた言葉の記号に○をつけましょう。

① ア banana　　イ orange　　ウ apple

② ア イチゴ　　　イ リンゴ　　　ウ バナナ

2 下の絵が表す言葉をタテ（↓）、ヨコ（→）の方向で見つけて○でかこみましょう。

orange（オレンジ）　**strawberry**（イチゴ）　**apple**（リンゴ）　**banana**（バナナ）

a	p	p	r	o	r	a	n	g	e	n
p	e	d	j	r	c	p	i	u	x	m
p	s	t	r	a	w	b	e	r	r	y
l	r	f	q	n	b	q	n	q	h	a
e	b	a	n	a	n	a	o	l	a	g

27 くだもの ③

♪ ①〜④の音声を聞き、声に出して言ってから書きましょう。

① grapes　ブドウ

grapes　gr□pe□　g

② lemon　レモン

lemon　le□on　l

③ peach　モモ

peach　pea□□　p

④ pineapple　パイナップル

pineapple　pin□app□e

練習スペース

28 くだもの ④

♪
1 音声を聞いて、聞こえた言葉の記号に○をつけましょう。

① ア　peach　　イ　pineapple　　ウ　grapes

② ア　ブドウ　　イ　レモン　　　ウ　パイナップル

2 くだもののかげと名前が合うように、線でむすびましょう。

〔□の中も書いてみよう！〕

① 　・　　　・ □emon

（レモン）

② 　・　　　・ pi□e□pple

（パイナップル）

③ 　・　　　・ p□ach

（モモ）

④ 　・　　　・ g□apes

（ブドウ）

29 やさい ①

♪ ①～④の音声を聞き、声に出して言ってから書きましょう。

① cabbage キャベツ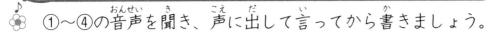

cabbage ca□□a□e

② carrot にんじん

carrot ca□□ot c

③ onion 玉ねぎ

onion □nio□ o

④ potato じゃがいも

potato pot□t□ p

練習スペース

30 やさい ②

♪
1 音声を聞いて、聞こえた言葉の記号に〇をつけましょう。

① ア carrot　イ cabbage　　ウ onion

② ア 玉ねぎ　イ じゃがいも　　ウ キャベツ

2 やさいのかげと名前が合うように線でむすびましょう。

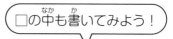
□の中も書いてみよう！

① ● ・　　・ □nion
（玉ねぎ）

② ● ・　　・ ca□□ag□
（キャベツ）

③ ● ・　　・ pot□□o
（じゃがいも）

④ ● ・　　・ ca□r□t
（にんじん）

31 食べ物 ①

♪ ①〜④の音声を聞き、声に出して言ってから書きましょう。

① rice　ごはん（米）

rice 　□ic□ r

② bread　パン

bread 　□rea□ 　b

③ egg　たまご

egg 　e□□ 　e

④ soup　スープ

soup 　s□□p 　s

朝ごはんは breakfast、昼ごはんは lunch、夜ごはんは dinner と言うよ！

32 食べ物 ②

♪
1 音声を聞いて、聞こえた言葉の記号に○をつけましょう。

① ア　たまご　　イ　パン　　　　ウ　ごはん（米）

② ア　スープ　　イ　ごはん（米）　ウ　たまご

③ ア　パン　　　イ　スープ　　　ウ　ごはん（米）

2 次のスタンプをおすと出てくる言葉を書きましょう。

①

_____
_____
_____

②

_____
_____
_____

③

_____
_____
_____

④

_____
_____
_____

スタンプだから、ぎゃく向きになっているんだね。

33 食べ物 ③

♪ ①〜④の音声を聞き、声に出して言ってから書きましょう。

① pizza　ピザ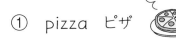

pizza　pi□□a　p

② spaghetti　スパゲッティー

spaghetti　spa□□etti

③ salad　サラダ

salad　sa□ad　s

④ cake　ケーキ

cake　c□k□　c

練習スペース

34 食べ物 ④

♪
[1] 音声を聞いて、聞こえた言葉の記号に○をつけましょう。

① ア　spaghetti　　イ　pizza　　ウ　salad

② ア　salad　　　　イ　cake　　　ウ　pizza

[2] 下にある言葉をタテ（↓）、ヨコ（→）の方向で見つけて○でかこみましょう。

spaghetti　　　**salad**　　　**cake**　　　**pizza**
（スパゲッティー）　（サラダ）　　（ケーキ）　　（ピザ）

s	a	r	a	d	c	a	k	p
s	p	a	g	h	e	t	t	i
a	c	s	p	a	g	e	t	z
l	c	a	k	e	p	i	z	z
d	s	a	l	a	d	s	d	a

国 ①

♪ ①〜⑤の音声を聞き、声に出して言ってから書きましょう。

首都

① Japan　日本（にっぽん）

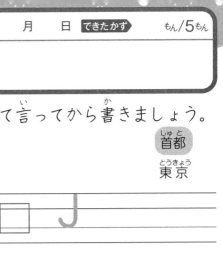

東京（とうきょう）

Japan Japa☐ J

② China　中国（ちゅうごく）

ペキン

China C☐i☐a C

③ France　フランス

パリ

France F☐☐nce F

④ India　インド

ニューデリー

India ☐nd☐☐ I

⑤ Brazil　ブラジル

ブラジリア

Brazil B☐☐zil B

36　国②

♪ 1 音声を聞いて、聞こえた言葉の記号に○をつけましょう。

① ア　中国　　　　イ　インド　　　ウ　日本

② ア　フランス　　イ　ブラジル　　ウ　インド

2 国旗と国名が合うように線でむすびましょう。

□の中も書いてみよう！

① 　　・　　・ In□ia
（インド）

② 　　・　　・ Chi□□
（中国）

③ 　　・　　・ □ra□il
（ブラジル）

④ 　　・　　・ J□p□n
（日本）

⑤ 　　・　　・ Fra□□e
（フランス）

37 家族・人 ①

① ～④の音声を聞き、声に出して言ってから書きましょう。

① father 父

father father f

② mother 母

mother mother m

③ grandfather 祖父

grandfather grandfat e

↑
あけないよ。

④ grandmother 祖母

grandmother grandmot e

練習スペース

38 家族・人 ②

♪
① 音声を聞いて、聞こえた言葉の記号に○をつけましょう。

① ア 父　　　　イ 母　　　　ウ 祖父

② ア 祖母　　　イ 祖父　　　ウ 母

② スタートから、father→mother のつづりのじゅんに通って
ゴールまで行きましょう。

スタート

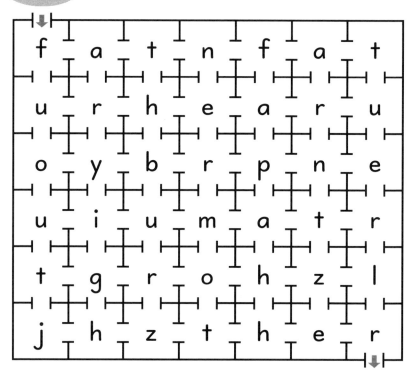

ゴール

月　日　できたかず　もん/4もん

家族・人 ③

①～④の音声を聞き、声に出して言ってから書きましょう。

① brother　兄、弟

brother b☐☐☐her

② sister　姉、妹

sister sis☐☐☐s

③ boy　男の子

boy b☐y b

④ girl　女の子

girl g☐☐g

英語では、兄も弟も "brother" なんだね。兄・弟や姉・妹を強調したいときは、<u>older</u> brother（兄）や<u>younger</u> brother（弟）と言うこともあるよ。

40 家族・人 ④

♪ 1 音声を聞いて、聞こえた言葉の記号に○をつけましょう。

① ア　女の子　　イ　兄、弟　　ウ　男の子

② ア　姉、妹　　イ　女の子　　ウ　兄、弟

③ ア　男の子　　イ　姉、妹　　ウ　兄、弟

2 次のスタンプをおすと出てくる言葉を書きましょう。

① boy

_____
_____
_____

② sister

_____
_____
_____

③ girl

_____
_____
_____

④ brother

_____
_____
_____

「家族」は英語で "family" だよ。
「両親」は "parents" と言うんだ。

41 単語のまとめ ②①

1 音声を聞いて、聞こえた言葉の（　）に○をつけましょう。

① （　）ブドウ　　　　② （　）にんじん
　（　）モモ　　　　　　（　）玉ねぎ

③ （　）パン　　　　　④ （　）兄、弟
　（　）たまご　　　　　（　）父

2 絵と言葉が合うように、線でむすびましょう。

① ・　　　　・ cake

② ・　　　　・ France

③ ・　　　　・ India

④ ・　　　　・ apple

42 単語のまとめ 2 ②

1 下の ⋯⋯ の言葉をタテ（↓）、ヨコ（→）の方向で見つけて
　〇でかこみましょう。

姉（妹）　　ピザ　　ごはん（米）　　キャベツ　　ブラジル

c	r	p	i	z	z	a	B	s	u
a	i	c	a	b	b	a	g	e	p
v	c	b	r	B	l	i	z	u	l
e	e	t	B	r	a	z	i	l	a
t	s	e	r	s	i	s	t	e	r

2 英語で書きましょう。

① 男の子　　_____

② 中国　　_____

③ じゃがいも　　_____

43 動物 ①

♪ ①〜④の音声を聞き、声に出して言ってから書きましょう。

① cat ネコ

cat　c□t　c

② dog イヌ

dog　do□　d

③ rabbit ウサギ

rabbit　ra□□it　r

④ bird 鳥

bird　bir□　b

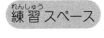
練習スペース

44 動物 ②

♪
1 音声を聞いて、聞こえた言葉の記号に○をつけましょう。

① ア　ネコ　　　イ　鳥(とり)　　　ウ　イヌ

② ア　イヌ　　　イ　ウサギ　　　ウ　鳥(とり)

③ ア　ウサギ　　イ　ネコ　　　　ウ　鳥(とり)

2 絵と動物(どうぶつ)の名前(なまえ)が合(あ)うように、線(せん)でむすびましょう。

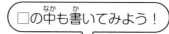

□の中(なか)も書(か)いてみよう！

①  ・　　　・ d□g

②  ・　　　・ □abbit

③  ・　　　・ c□t

④  ・　　　・ bir□

45 動物 ③

① ～④の音声を聞き、声に出して言ってから書きましょう。

① elephant　ゾウ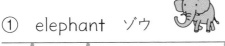

elephant ele□□ant

② lion　ライオン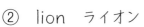

lion li□□□

③ horse　ウマ

horse hor□□ h

④ tiger　トラ

tiger ti□e□ t

練習スペース

46 動物 ④

♪
1 音声を聞いて、聞こえた言葉の記号に○をつけましょう。

① ア　ウマ　　　　イ　ゾウ　　　　ウ　トラ

② ア　トラ　　　　イ　ライオン　　ウ　ゾウ

③ ア　ライオン　　イ　トラ　　　　ウ　ウマ

2 絵と動物の名前が合うように、線でむすびましょう。

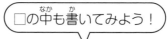
□の中も書いてみよう！

① 　・　　・ li□n

② 　・　　・ tige□

③ 　・　　・ elep□ant

④ 　・　　・ hor□e

体 ①

♪ ①～⑥の音声を聞き、声に出して言ってから書きましょう。

① head 頭（あたま）

head　h□□d　h

② hand 手（て）

hand

han□

③ eye 目（め）

eye　ey□

e

④ leg あし

leg　l□g

l

⑤ nose 鼻（はな）

nose

no□e

⑥ mouth 口（くち）

mouth

mo□□h　m

48　体 ②

♪
1 音声を聞いて、聞こえた言葉の記号に○をつけましょう。

① ア 鼻　　イ 頭　　　ウ 手

② ア 頭　　イ あし　　ウ 目

③ ア 口　　イ 手　　　ウ 鼻

2 下の ___ の言葉をタテ（↓）、ヨコ（→）の方向で見つけて
○でかこみましょう。

> 頭　手　目　あし　鼻　口

h	e	n	d	h	e	l
e	l	o	g	a	y	e
a	m	s	h	d	e	g
d	n	e	h	a	n	d
m	o	u	t	h	y	e

49 位置・方向 ①

①〜⑥の音声を聞き、声に出して言ってから書きましょう。

① on 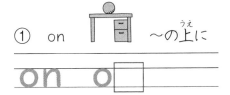 〜の上に

on o□

② in 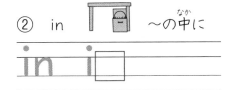 〜の中に

in i□

③ under  （〜の）下に

under und□□ u

④ by 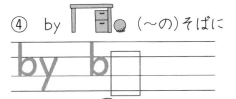 （〜の）そばに

by b□

⑤ left 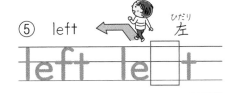 左

left le□t

⑥ right  右

right rig□□ r

練習スペース

 on the desk（つくえの上に）、in the desk（つくえの中に）というように表すよ。

50 位置・方向 ②

♪ 1 ボールがどこにあるかについての音声を聞いて、あてはまる
絵の（　）に○をつけましょう。

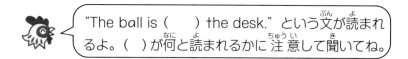

"The ball is (　) the desk." という文が読まれるよ。（　）が何と読まれるかに注意して聞いてね。

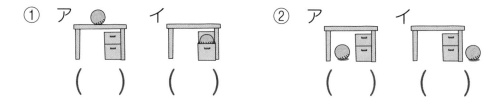

① ア　　　　イ　　　　② ア　　　　イ

（　）　（　）　　　（　）　（　）

2 下のパズルには、「〜の上に」、「〜の中に」、「〜の下に」、「左」「右」の5つがかくれています。タテ（↓）、ヨコ（→）でさがして、□にあてはまるアルファベットを書きましょう。

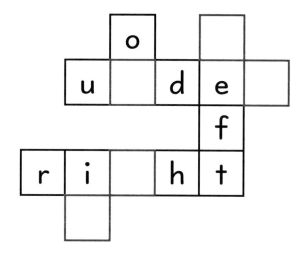

51 スポーツ ①

月　日　できたかず　もん/4もん

♪ ①〜④の音声を聞き、声に出して言ってから書きましょう。

① badminton　バドミントン

badminton　b□d□int□n

② baseball　野球

baseball　ba□eb□ll

③ basketball　バスケットボール

basketball　ba□k□tball

④ soccer　サッカー

soccer　so□□e□s

練習スペース

52 スポーツ ②

1 音声を聞いて、聞こえた言葉の絵の（　）に○をつけましょう。

① ア　　　　　　　　イ　　　　　② ア　　　　　　　　イ

（　　）　　　（　　）　　　　　　（　　）　　　（　　）

2 スポーツの名前・絵・英語が合うように、線でむすびましょう。

① サッカー　・　　　　　　・　badminton

② バドミントン　・　・　　・　soccer

③ バスケット
　　ボール　・　・　　・　baseball

④ 野球　　・　・　　・　basketball

53 スポーツ ③

♪ ①〜④の音声を聞き、声に出して言ってから書きましょう。

① swimming 水泳

swimming s◻im◻ing

② table tennis たっきゅう

table tennis t◻◻le te◻nis

③ tennis テニス

tennis t◻n◻is t

④ volleyball バレーボール

volleyball v◻ll◻yba◻◻

練習スペース

54 スポーツ ④

1 音声を聞いて、聞こえた言葉の絵の（　）に○をつけましょう。

① ア　　　　イ　　　　　② ア　　　　イ

（　）　（　）　　　　（　）　（　）

2 下のパズルには、水泳、たっきゅう、テニス、バレーボールの4つのスポーツがかくれています。タテ（↓）、ヨコ（→）でさがして、□にあてはまるアルファベットを書きましょう。

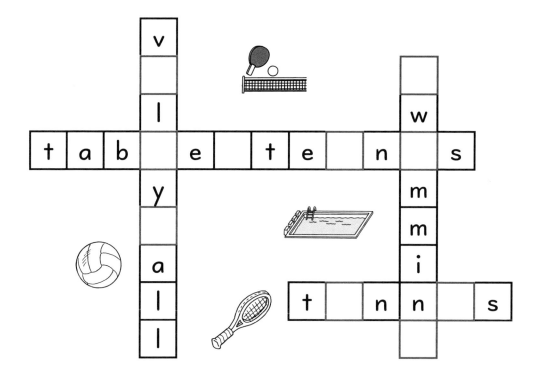

55 しょく業 ①

①～④の音声を聞き、声に出して言ってから書きましょう。

① teacher　先生

teacher　t□□cher　t

② cook　料理人

cook　c□□k　c

③ doctor　医者

doctor　d□ct□r　d

④ fire fighter　消ぼうし

fire fighter　fi□e fi□□ter

練習スペース

しょく業 ②

月　日　できたかず　もん/5もん

♪
1 音声を聞いて、聞こえた言葉の絵の（　）に〇をつけましょう。

① ア　　　　　　　イ　　　　　② ア　　　　　　　イ

（　　）　　（　　）　　　（　　）　　（　　）

2 しょく業あてクイズです。どのしょく業のことを言っているか、_____からえらんで書きましょう。

① かん者さんをしんさつし、ちりょうします。

＿＿＿＿＿＿＿＿＿＿＿＿＿＿＿＿＿＿＿＿＿
＿＿＿＿＿＿＿＿＿＿＿＿＿＿＿＿＿＿＿＿＿
＿＿＿＿＿＿＿＿＿＿＿＿＿＿＿＿＿＿＿＿＿
＿＿＿＿＿＿＿＿＿＿＿＿＿＿＿＿＿＿＿＿＿

② 学校でじゅ業をしたり、せいせきをつけたりします。

＿＿＿＿＿＿＿＿＿＿＿＿＿＿＿＿＿＿＿＿＿
＿＿＿＿＿＿＿＿＿＿＿＿＿＿＿＿＿＿＿＿＿
＿＿＿＿＿＿＿＿＿＿＿＿＿＿＿＿＿＿＿＿＿
＿＿＿＿＿＿＿＿＿＿＿＿＿＿＿＿＿＿＿＿＿

③ 火事の起きている場所へかけつけて消火します。

＿＿＿＿＿＿＿＿＿＿＿＿＿＿＿＿＿＿＿＿＿
＿＿＿＿＿＿＿＿＿＿＿＿＿＿＿＿＿＿＿＿＿
＿＿＿＿＿＿＿＿＿＿＿＿＿＿＿＿＿＿＿＿＿
＿＿＿＿＿＿＿＿＿＿＿＿＿＿＿＿＿＿＿＿＿

fire fighter　　doctor　　teacher

57 しょく業 ③

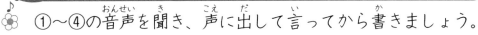
①〜④の音声を聞き、声に出して言ってから書きましょう。

① vet　じゅう医

vet　□et　v

② florist　花屋

florist　f□oris□　f

③ police officer　けいさつ官

police officer　po□ice offi□er

④ singer　歌手

singer　si□□er　s

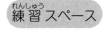
練習スペース

58 しょく業 ④

♪
1 音声を聞いて、聞こえた言葉の絵の（　）に〇をつけましょう。

① ア  イ　　　② ア  イ

（　　）　（　　）　　　（　　）　（　　）

2 しょく業あてクイズです。どのしょく業のことを言っているか、 ⬚ からえらんで書きましょう。

① 動物のケガや病気のしんさつ、ちりょうをします。

_____
_____
_____
_____

② 事けんや事このそうさをしたり、パトロールをしたりします。

_____
_____
_____
_____

③ 人前で歌を歌う仕事です。

_____
_____
_____
_____

```
police officer      vet      singer
```

59 単語のまとめ ３ ①

♪
1 音声を聞いて、聞こえた言葉の（　）に○をつけましょう。

① （　）鳥
（　）ウマ

② （　）鼻
（　）口

③ （　）左
（　）右

④ （　）けいさつ官
（　）医者

2 絵と言葉が合うように、線でむすびましょう。

① 　・

・ teacher

② 　・

・ swimming

③ 　・

・ hand

④ 　・

・ elephant

⑤ 　・

・ florist

60 単語のまとめ ③②

1 下のパズルには □□ の言葉がかくれています。タテ（↓）、ヨコ（→）でさがして、□にあてはまるアルファベットを書きましょう。

> ライオン　犬（いぬ）　サッカー　料理人（りょうりにん）
> ～のそばに　目（め）　じゅう医（い）　野球（やきゅう）

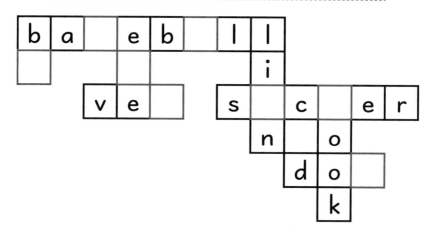

2 英語で書きましょう。

① 頭（あたま）

② 歌手（かしゅ）

③ テニス

61 服 ①

♪ ①〜④の音声を聞き、声に出して言ってから書きましょう。

① T-shirt ᵀⁱ̄Tシャツ

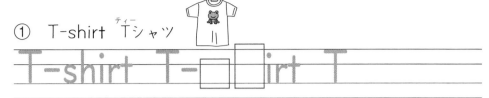

T-shirt T-□□irt T

② skirt スカート

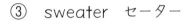

skirt sk□□t s

③ sweater セーター

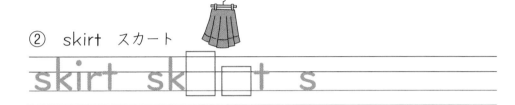

sweater s□e□ter

④ shoes くつ

shoes sh□□s s

練習スペース

62 服 ②

♪ 1 音声を聞いて、聞こえた言葉のじゅんに（　）に1～4の番号を書きましょう。

ア　　　　　イ　　　　　ウ　　　　　エ

（　）　　　（　）　　　（　）　　　（　）

2 下のパズルには、Tシャツ、スカート、セーター、くつの4つがかくれています。タテ（↓）、ヨコ（→）でさがして、□にあてはまるアルファベットを書きましょう。

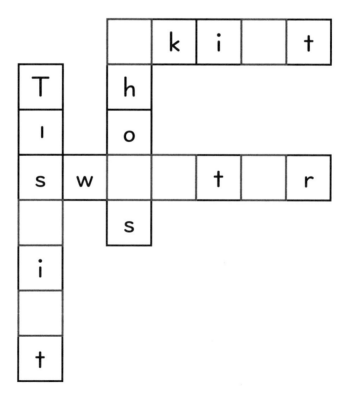

63 身の回りのもの ①

♪ ①～④の音声を聞き、声に出して言ってから書きましょう。

① bag　バッグ
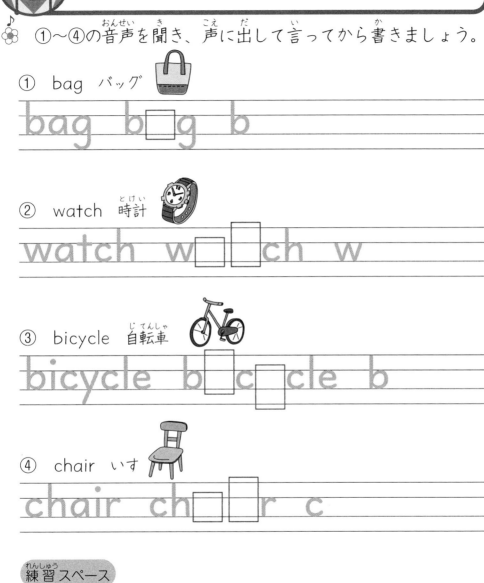

bag　b□g　b

② watch　時計

watch　w□□ch　w

③ bicycle　自転車

bicycle　b□c□cle　b

④ chair　いす

chair　ch□□r　c

練習スペース

64

身の回りのもの ②

月　日　できたかず　もん/6もん

① 音声を聞いて、聞こえた言葉の絵の（　）に〇をつけましょう。

① ア　　　　　イ　　　　　② ア　　　　　イ

（　　）　　（　　）　　　　（　　）　　（　　）

② 下の [ ] の言葉をタテ（↓）、ヨコ（→）の方向で見つけて
〇でかこみましょう。

> バッグ　　時計　　自転車　　いす

c	h	a	i	r	l	t
w	a	t	c	h	e	b
b	i	c	y	c	l	e
a	g	b	i	s	l	g
g	w	o	c	t	h	b

65 文ぼう具 ①

♪ ①〜④の音声を聞き、声に出して言ってから書きましょう。

① pencil　えんぴつ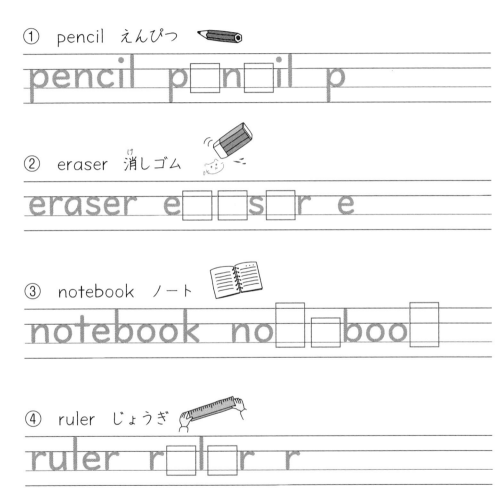

pencil p□n□il p

② eraser　消しゴム

eraser e□□s□r e

③ notebook　ノート

notebook no□□boo□

④ ruler　じょうぎ

ruler r□□r r

練習スペース

66 文ぼう具 ②

♪
1 音声を聞いて、聞こえた言葉の絵の（　）に○をつけましょう。

① ア　　　　　　　イ　　　　　　　② ア　　　　　　　イ

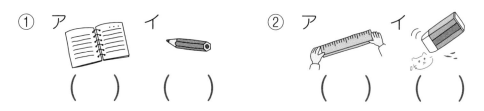

（　　）　　（　　）　　　　　　（　　）　　（　　）

2 下のパズルには、えんぴつ、消しゴム、ノート、じょうぎの4つの文ぼう具がかくれています。タテ（↓）、ヨコ（→）でさがして、□にあてはまるアルファベットを書きましょう。

p							
n	o		e	b			k
			a				
i			a				
l							
			e				
r		r		l	e		

67 教科 ①

♪ ①～④の音声を聞き、声に出して言ってから書きましょう。

① Japanese 国語

Japanese Jap□n□s□

② math 算数

math m□□h　m

③ science 理科

science s□ien□e　s

④ social studies 社会

social studies so□ial st□dies

練習スペース

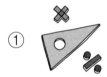

68 教科 ②

♪ ① 音声を聞いて、聞こえた言葉の記号に○をつけましょう。

① ア 社会（しゃかい）　イ 国語（こくご）　ウ 算数（さんすう）

② ア 国語（こくご）　イ 算数（さんすう）　ウ 理科（りか）

③ ア 理科（りか）　イ 社会（しゃかい）　ウ 算数（さんすう）

② 絵と教科の名前が合うように、線でむすびましょう。

□の中（なか）も書（か）いてみよう！

① ・　・ s□ienc□

② ・　・ J□panes□

③ ・　・ ma□h

④ ・　・ □ocial stu□ies

69 教科 ③

①～④の音声を聞き、声に出して言ってから書きましょう。

① English 英語

English En□□ish

② music 音楽

music m□□ic m

③ arts and crafts 図工

arts and crafts a□ts and cra□ts

④ P.E. 体育

P.E. P.□. P

練習スペース

70 教科 ④

♪
1 音声を聞いて、聞こえた言葉の記号に○をつけましょう。

① ア 英語（えいご）　　イ 図工（ずこう）　　ウ 音楽（おんがく）

② ア 図工（ずこう）　　イ 体育（たいいく）　　ウ 英語（えいご）

③ ア 音楽（おんがく）　　イ 体育（たいいく）　　ウ 図工（ずこう）

2 絵と教科の名前が合うように、線でむすびましょう。

□の中（なか）も書（か）いてみよう！

① 　・　・ mu□ic

② 　・　・ □rts and
　　　　　　　　　　　cra□ts

③ 　・　・ □.E.

④ 　・　・ Englis□

71 町・しせつ ①

♪ ①～④の音声を聞き、声に出して言ってから書きましょう。

① amusement park　遊園地

amusement park

a□usemen□ park

② library　図書館

library li□rary l

③ park　公園

park p□rk p

④ zoo　動物園

zoo z□□ z

72 町・しせつ ②

♪
1 音声を聞いて、聞こえた言葉のじゅんに（　）に｜～4の番号を書きましょう。

ア
（　　）

イ
（　　）

ウ
（　　）

エ
（　　）

2 次のスタンプをおすと出てくる言葉を書きましょう。

①

_____
_____
_____

②

_____
_____
_____

③

_____
_____
_____

④

_____
_____
_____

73 町・しせつ ③

♪ ①〜④の音声を聞き、声に出して言ってから書きましょう。

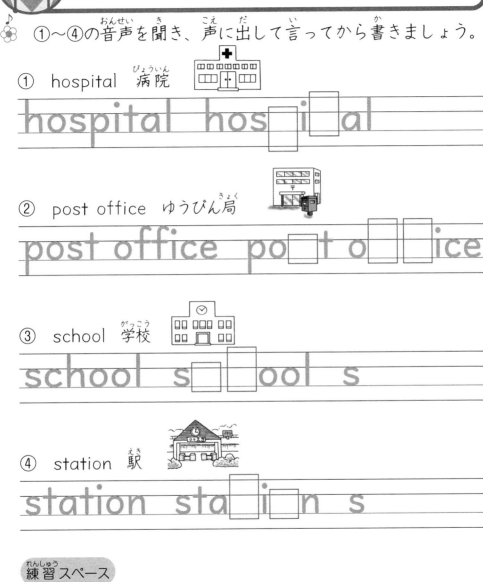

① hospital　病院（びょういん）

hospital hos□i□al

② post office　ゆうびん局（きょく）

post office po□t o□□ice

③ school　学校（がっこう）

school s□□ool s

④ station　駅（えき）

station sta□i□n s

練習（れんしゅう）スペース

町・しせつ ④

1 音声を聞いて、聞こえた言葉の記号に○をつけましょう。

① ア　学校　　　　イ　駅　　　ウ　ゆうびん局

② ア　ゆうびん局　　イ　病院　　ウ　駅

③ ア　病院　　　　イ　学校　　ウ　ゆうびん局

2 下のパズルには、病院、ゆうびん局、学校、駅の4つのしせつがかくれています。タテ（↓）、ヨコ（→）でさがして、□にあてはまるアルファベットを書きましょう。

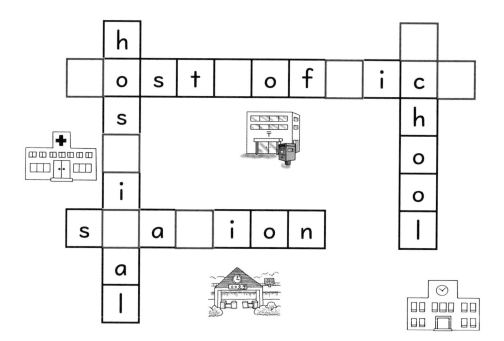

75 単語のまとめ 4 ①

1 音声を聞いて、聞こえた言葉の（　）に〇をつけましょう。

① （　）セーター
　 （　）くつ

② （　）えんぴつ
　 （　）じょうぎ

③ （　）体育
　 （　）社会

④ （　）図書館
　 （　）病院

2 次の2つの言葉の□には、それぞれ同じアルファベットが入ります。あてはまるアルファベットを□に書きましょう。

① e□ase□, pa□k
　（消しゴム）　（公園）　➡ □

② bi□y□le, s□ien□e
　（自転車）　（理科）　➡ □

③ □tation, □hoe□
　（駅）　（くつ）　➡ □

④ ma□h, wa□ch
　（算数）　（時計）　➡ □

⑤ T-s□irt, Englis□
　（Tシャツ）　（英語）　➡ □

76 単語のまとめ　4②

1　下の［＿＿］のパズルには、［＿＿］の言葉がかくれています。タテ（↓）、ヨコ（→）でさがして、□にあてはまるアルファベットを書きましょう。

動物園　スカート　えんぴつ　病院　セーター　学校　いす

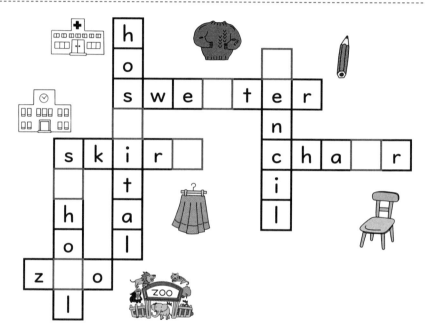

2　英語で書きましょう。

①　ゆうびん局

②　国語

♪ ①～⑤の音声を聞き、声に出して言ってから書きましょう。

① eat 食べる

eat e□t e

② go 行く

go g□ g

③ play 遊ぶ、(スポーツなどを)する、(楽器などを)ひく

play p□ay p

④ run 走る

run r□n r

⑤ see 見る

see se□ s

78 動作 ②

♪
1 音声を聞いて、聞こえた言葉の記号に〇をつけましょう。

① ア 走る　　イ 食べる　　ウ 行く

② ア 遊ぶ　　イ 見る　　　ウ 食べる

③ ア 見る　　イ 行く　　　ウ 遊ぶ

2 下の ┌──┐ の言葉をタテ（↓）、ヨコ（→）の方向で見つけて
〇でかこみましょう。

> 食べる　行く　遊ぶ　走る　見る

g	e	d	t	o	q	r
o	p	r	a	g	a	u
s	e	e	f	r	a	n
a	q	r	p	l	a	y
a	c	u	e	a	t	z

「見る」には、see のほかに watch や look もあるよ。see は、山や花など「しぜんと目に見えるものを見る」、watch は、テレビなど「動くものをじっくりと見る」、look は写真などを「目を向けて見る」というように使うよ。

じょうたい・気持ち ①

♪ ①〜④の音声を聞き、声に出して言ってから書きましょう。

① big　大きい

big　bi□　b

② small　小さい

small　s□all　s

③ happy　幸せな、うれしい 😄

happy　ha□□y　h

④ sad　悲しい 😢

sad　s□d　s

 big（大きい）の反対は small（小さい）、happy（幸せな）の反対は sad（悲しい）だよ。

80

じょうたい・気持ち ②

♪ 1 音声を聞いて、聞こえた言葉の記号に〇をつけましょう。

① ア 大きい　　イ 小さい　　ウ 幸せな

② ア 悲しい　　イ 幸せな　　ウ 小さい

③ ア 大きい　　イ 悲しい　　ウ 幸せな

2 次のスタンプをおすと出てくる言葉を書きましょう。

① sad

_____
_____
_____

② pig

_____
_____
_____

③ small

_____
_____
_____

④ happy

_____
_____
_____

反対の意味の言葉は、ほかにも long（長い）⇔ short（短い）、
new（新しい）⇔ old（古い）などがあるよ。

81 単語のまとめ 5 ①

♪ 1 音声を聞いて、聞こえた言葉の（　）に〇をつけましょう。

① （　）遊ぶ
　 （　）食べる

② （　）小さい
　 （　）幸せな

③ （　）行く
　 （　）大きい

④ （　）見る
　 （　）悲しい

2 線でむすんで、正しい英語にしましょう。

① 遊ぶ ・　　・

② 小さい  ・　　・

③ 走る ru ・　　・ ay

④ 幸せな  hap ・　　・ t

⑤ 食べる ea ・　　・

単語のまとめ ⑤ ②

1 言葉になるように、□にあてはまるアルファベットを┌┄┄┐からえらんで書きましょう。

①
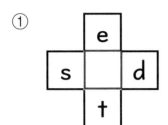

s　e　d　t

②
b
i
o

③
h
m　l　l
e　p
e　p
y

g　　s
a　　a

2 英語で書きましょう。

① 走る

② 遊ぶ

英単語 こたえ

5分間英語ドリル

---

① アルファベットの大文字 ①

1　しょうりゃく

2　① H　　② M

　　③ L　　④ G

---

② アルファベットの大文字 ②

1　しょうりゃく

2　① Z　　② V

　　③ I　　④ R

　　⑤ F　　⑥ T

---

③ アルファベットの小文字 ①

1　しょうりゃく

2　① b　　② i

　　③ e　　④ j

---

④ アルファベットの小文字 ②

1　しょうりゃく

2　① q　　② d

　　③ u　　④ y

　　⑤ f　　⑥ a

---

⑤ 曜日 ①

しょうりゃく

---

⑥ 曜日 ②

1　① Sunday

　　② 水曜日

---

② It's Tuesday.

---

⑦ 曜日 ③

しょうりゃく

---

⑧ 曜日 ④

1　① Saturday

　　② 木曜日

2　It's Friday.

---

⑨ 月 ①

しょうりゃく

---

⑩ 月 ②

1　① ウ

　　② イ

2　① 1月　　January

　　② 3月　　March

　　③ 4月　　April

---

⑪ 月 ③

しょうりゃく

---

⑫ 月 ④

1　① イ

　　② イ

2　① 8月　　August

　　② 9月　　September

こたえ

③ 12月　December

⑬ 天気 ①

しょうりゃく

⑭ 天気 ②

① 　ア　3　　イ　1
　　ウ　2　　エ　4

②
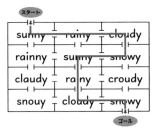

⑮ 数 ①

しょうりゃく

⑯ 数 ②

① 　① 3　　② 5　　③ 1

②
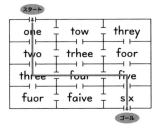

⑰ 数 ③

しょうりゃく

⑱ 数 ④

① 　① 10　　② 8　　③ 12

②
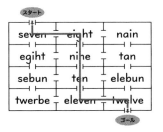

⑲ 色 ①

しょうりゃく

⑳ 色 ②

① 　① イ
　　② ア

②

r	b	r	u	e	r	y
a	l	g	r	e	e	n
d	u	g	r	r	e	d
y	e	l	l	o	w	n

㉑ 色 ③

しょうりゃく

㉒ 色 ④

1 ① イ

　 ② ウ

2
p	u	r	p	l	e	p
i	w	h	i	t	e	e
n	b	r	a	c	k	n
k	w	b	l	a	c	k

㉓ 単語のまとめ 1 ①

1 ① 木曜日（もくようび）　② 2月（がつ）

　 ③ くもった　④ 黄色（きいろ）

2 ① five

　 ② nine

　 ③ Monday

　 ④ Friday

　 ⑤ May

　 ⑥ October

㉔ 単語のまとめ 1 ②

1
r	g	J	r	a	s	u	n	n	y
J	r	u	a	g	u	r	e	i	n
u	e	r	i	b	l	a	c	k	u
l	e	r	n	u	n	b	r	e	k
y	n	y	y	e	r	r	o	s	u

2 ① eleven

　 ② seven

　 ③ blue

㉕ くだもの ①

しょうりゃく

㉖ くだもの ②

1 ① イ

　 ② ア

2
a	p	p	r	o	r	a	n	g	e	n
p	e	d	j	r	c	p	i	u	x	m
p	s	t	r	a	w	b	e	r	r	y
l	r	f	q	n	b	q	n	q	h	a
e	b	a	n	a	n	a	o	l	a	g

㉗ くだもの ③

しょうりゃく

㉘ くだもの ④

1 ① ア

　 ② ア

2 ①　　　lemon

　 ②　　　pineapple

　 ③　　　peach

　 ④　　　grapes

㉙ やさい ①
しょうりゃく

㉚ やさい ②
1　① ア
　　② イ
2　① 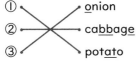　onion
　　②　cabbage
　　③　potato
　　④　carrot

㉛ 食べ物 ①
しょうりゃく

㉜ 食べ物 ②
1　① イ
　　② ウ
　　③ ウ
2　① egg　　② soup
　　③ bread　④ rice

㉝ 食べ物 ③
しょうりゃく

㉞ 食べ物 ④
1　① ア
　　② イ
2

s	a	r	a	d	c	a	k	p
s	p	a	g	h	e	t	t	i
a	c	s	p	a	g	e	t	z
l	c	a	k	e	p	i	z	z
d	s	a	l	a	d	s	d	a

㉟ 国 ①
しょうりゃく

㊱ 国 ②
1　① ア
　　② ウ
2　①　India
　　②　China
　　③　Brazil
　　④　Japan
　　⑤　France

㊲ 家族・人 ①
しょうりゃく

㊳ 家族・人 ②

1　① イ

　② イ

2　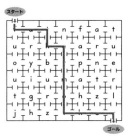

㊴ 家族・人 ③

しょうりゃく

㊵ 家族・人 ④

1　① ウ

　② ア

　③ ウ

2　① boy　　② sister

　③ girl　　④ brother

㊶ 単語のまとめ ②①

1　① ブドウ　　② 玉ねぎ

　③ パン　　④ 父

2　① cake

　② France

　③ India

　④ apple

㊷ 単語のまとめ ②②

1

c	r	p	i	z	z	a	B	s	u
a	i	c	a	b	b	a	g	e	p
v	c	b	r	B	l	i	z	u	l
e	e	t	B	r	a	z	i	l	a
t	s	e	r	s	i	s	t	e	r

2　① boy

　② China

　③ potato

㊸ 動物 ①

しょうりゃく

㊹ 動物 ②

1　① ア

　② ウ

　③ ア

2　① ―――― dog

　② rabbit

　③ cat

　④ bird

㊺ 動物 ③

しょうりゃく

こたえ

㊻ 動物 ④

1 ① イ
② ア
③ ウ

2 ① ╲ ╱ lion
② ╳ tiger
③ ╱ ╲ elephant
④ horse

(①→tiger, ②→lion, ③→horse, ④→elephant)

㊼ 体 ①

しょうりゃく

㊽ 体 ②

1 ① イ
② ウ
③ ア

2

h	e	n	d	h	e	l
e	l	o	g	a	y	e
a	m	s	h	d	e	g
d	n	e	h	a	n	d
m	o	u	t	h	y	e

㊾ 位置・方向 ①

しょうりゃく

㊿ 位置・方向 ②

1 ① イ
② イ

2

	o		l	
u	n	d	e	r
			f	
r	i	g	h	t
	n			

51 スポーツ ①

しょうりゃく

52 スポーツ ②

1 ① イ　　② ア

2

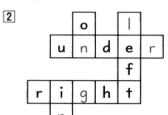

① サッカー ─ soccer
② バドミントン ─ badminton
③ バスケットボール ─ basketball
④ 野球 ─ baseball

53 スポーツ ③

しょうりゃく

こたえ

1　① イ

　　② ア

2

	v									s	
	o									w	
t	a	b	l	e		t	e	n	n	i	s
	y									m	
	b									m	
	a						t	e	n	n	i	s
	l									g	
	l										

しょうりゃく

1　① ア

　　② ア

2　① doctor

　　② teacher

　　③ fire fighter

しょうりゃく

1　① イ

　　② イ

2　① vet

　　② police officer

　　③ singer

1　① ウマ　　② 鼻

　　③ 右　　　④ けいさつ官

2
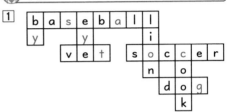

① — swimming
② — teacher
③ — hand
④ — florist
⑤ — elephant

1

b	a	s	e	b	a	l	l	
y			y				i	
		v	e	t		s	o	c	c	e	r
			n				o	
			d	o	g			
			k					

2　① head

　　② singer

　　③ tennis

しょうりゃく

1 ア 1　　イ 4
　 ウ 2　　エ 3

2

		s	k	i	r	t
T		h				
l		o				
s	w	e	a	t	e	r
h		s				
i						
r						
t						

しょうりゃく

1 ① イ　　② ア

2

c	h	a	i	r	l	t
w	a	t	c	h	e	b
b	i	c	y	c	l	e
a	g	b	i	s	l	g
q	w	o	c	t	h	b

しょうりゃく

1 ① イ　　② イ

2

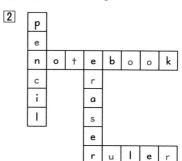

しょうりゃく

1 ① ア
　 ② イ
　 ③ ア

2 ①　　　　　science
　 ②　　　　　Japanese
　 ③　　　　　math
　 ④　　　　　social studies

しょうりゃく

⑰ 教科 ④

1　①　ア

　　②　イ

　　③　ウ

2　①　　　　　　　　music
　　②　　　　　　　　arts and crafts
　　③　　　　　　　　P.E.
　　④　　　　　　　　English

⑪ 町・しせつ ①

しょうりゃく

⑫ 町・しせつ ②

1　ア 2　　　イ 4
　　ウ 3　　　エ 1

2　①　park　　②　library
　　③　amusement park
　　④　zoo

⑬ 町・しせつ ③

しょうりゃく

⑭ 町・しせつ ④

1　①　イ

　　②　イ

　　③　ウ

2

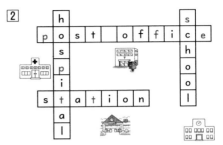

⑮ 単語のまとめ　4　①

1　①　セーター　　②　じょうぎ
　　③　社会　　　　④　図書館

2　①　r

　　②　c

　　③　s

　　④　t

　　⑤　h

⑯ 単語のまとめ　4　②

1

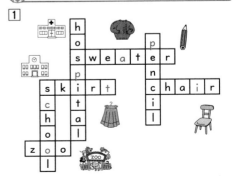

2 ① post office
　② Japanese

⑦⑦ 動作 ①

しょうりゃく

⑦⑧ 動作 ②

1 ① ア
　② ウ
　③ ア

2

g	e	d	t	o	q	r
o	p	r	a	g	a	u
s	e	e	f	r	a	n
a	q	r	p	l	a	y
a	c	u	e	a	t	z

⑦⑨ じょうたい・気持ち ①

しょうりゃく

⑧⓪ じょうたい・気持ち ②

1 ① イ
　② ア
　③ ウ

2 ① sad　② big
　③ small　④ happy

⑧① 単語のまとめ ⑤ ①

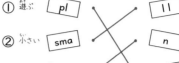

1 ① 遊ぶ　② 幸せな
　③ 行く　④ 悲しい

2

① 遊ぶ　pl — ll
② 小さい　sma — n
③ 走る　ru — ay
④ 幸せな　hap — t
⑤ 食べる　ea — py

⑧② 単語のまとめ ⑤ ②

1 ① a　② g
　③ (左から) s, a
2 ① run
　② play

達成表

勉強がおわったページにチェックを入れてね。問題が全部できて、字もていねいに書けていたら「よくできた」だよ。全部の問題が「よくできた」になるようにがんばろう！

タイトル	学習日	もうすこし	ぜんぶできた	よくできた
① アルファベットの大文字 ①	/	☆	☆☆	☆☆☆
② アルファベットの大文字 ②	/	☆	☆☆	☆☆☆
③ アルファベットの小文字 ①	/	☆	☆☆	☆☆☆
④ アルファベットの小文字 ②	/	☆	☆☆	☆☆☆
⑤ 曜日 ①	/	☆	☆☆	☆☆☆
⑥ 曜日 ②	/	☆	☆☆	☆☆☆
⑦ 曜日 ③	/	☆	☆☆	☆☆☆
⑧ 曜日 ④	/	☆	☆☆	☆☆☆
⑨ 月 ①	/	☆	☆☆	☆☆☆
⑩ 月 ②	/	☆	☆☆	☆☆☆
⑪ 月 ③	/	☆	☆☆	☆☆☆
⑫ 月 ④	/	☆	☆☆	☆☆☆
⑬ 天気 ①	/	☆	☆☆	☆☆☆
⑭ 天気 ②	/	☆	☆☆	☆☆☆
⑮ 数 ①	/	☆	☆☆	☆☆☆
⑯ 数 ②	/	☆	☆☆	☆☆☆
⑰ 数 ③	/	☆	☆☆	☆☆☆
⑱ 数 ④	/	☆	☆☆	☆☆☆
⑲ 色 ①	/	☆	☆☆	☆☆☆
⑳ 色 ②	/	☆	☆☆	☆☆☆
㉑ 色 ③	/	☆	☆☆	☆☆☆
㉒ 色 ④	/	☆	☆☆	☆☆☆

タイトル	学習日	もうすこし	ぜんぶできた	よくできた
㉓ 単語のまとめ 1 ①	／	☆	☆☆	☆☆☆
㉔ 単語のまとめ 1 ②	／	☆	☆☆	☆☆☆
㉕ くだもの ①	／	☆	☆☆	☆☆☆
㉖ くだもの ②	／	☆	☆☆	☆☆☆
㉗ くだもの ③	／	☆	☆☆	☆☆☆
㉘ くだもの ④	／	☆	☆☆	☆☆☆
㉙ やさい ①	／	☆	☆☆	☆☆☆
㉚ やさい ②	／	☆	☆☆	☆☆☆
㉛ 食べ物 ①	／	☆	☆☆	☆☆☆
㉜ 食べ物 ②	／	☆	☆☆	☆☆☆
㉝ 食べ物 ③	／	☆	☆☆	☆☆☆
㉞ 食べ物 ④	／	☆	☆☆	☆☆☆
㉟ 国 ①	／	☆	☆☆	☆☆☆
㊱ 国 ②	／	☆	☆☆	☆☆☆
㊲ 家族・人 ①	／	☆	☆☆	☆☆☆
㊳ 家族・人 ②	／	☆	☆☆	☆☆☆
㊴ 家族・人 ③	／	☆	☆☆	☆☆☆
㊵ 家族・人 ④	／	☆	☆☆	☆☆☆
㊶ 単語のまとめ 2 ①	／	☆	☆☆	☆☆☆
㊷ 単語のまとめ 2 ②	／	☆	☆☆	☆☆☆
㊸ 動物 ①	／	☆	☆☆	☆☆☆
㊹ 動物 ②	／	☆	☆☆	☆☆☆

タイトル	学習日	もうすこし	ぜんぶできた	よくできた
㊺ 動物 ③	／	☆	☆☆	☆☆☆
㊻ 動物 ④	／	☆	☆☆	☆☆☆
㊼ 体 ①	／	☆	☆☆	☆☆☆
㊽ 体 ②	／	☆	☆☆	☆☆☆
㊾ 位置・方向 ①	／	☆	☆☆	☆☆☆
㊿ 位置・方向 ②	／	☆	☆☆	☆☆☆
51 スポーツ ①	／	☆	☆☆	☆☆☆
52 スポーツ ②	／	☆	☆☆	☆☆☆
53 スポーツ ③	／	☆	☆☆	☆☆☆
54 スポーツ ④	／	☆	☆☆	☆☆☆
55 しょく業 ①	／	☆	☆☆	☆☆☆
56 しょく業 ②	／	☆	☆☆	☆☆☆
57 しょく業 ③	／	☆	☆☆	☆☆☆
58 しょく業 ④	／	☆	☆☆	☆☆☆
59 単語のまとめ ③ ①	／	☆	☆☆	☆☆☆
60 単語のまとめ ③ ②	／	☆	☆☆	☆☆☆
61 服 ①	／	☆	☆☆	☆☆☆
62 服 ②	／	☆	☆☆	☆☆☆
63 身の回りのもの ①	／	☆	☆☆	☆☆☆
64 身の回りのもの ②	／	☆	☆☆	☆☆☆
65 文ぼう具 ①	／	☆	☆☆	☆☆☆
66 文ぼう具 ②	／	☆	☆☆	☆☆☆

タイトル	学習日	もうすこし	ぜんぶできた	よくできた
㊅ 教科 ①	／	☆	☆☆	☆☆☆
㊌ 教科 ②	／	☆	☆☆	☆☆☆
㊍ 教科 ③	／	☆	☆☆	☆☆☆
㊎ 教科 ④	／	☆	☆☆	☆☆☆
㊑ 町・しせつ ①	／	☆	☆☆	☆☆☆
㊒ 町・しせつ ②	／	☆	☆☆	☆☆☆
㊓ 町・しせつ ③	／	☆	☆☆	☆☆☆
㊔ 町・しせつ ④	／	☆	☆☆	☆☆☆
㊕ 単語のまとめ 4 ①	／	☆	☆☆	☆☆☆
㊖ 単語のまとめ 4 ②	／	☆	☆☆	☆☆☆
㊗ 動作 ①	／	☆	☆☆	☆☆☆
㊘ 動作 ②	／	☆	☆☆	☆☆☆
㊙ じょうたい・気持ち ①	／	☆	☆☆	☆☆☆
㊚ じょうたい・気持ち ②	／	☆	☆☆	☆☆☆
㊛ 単語のまとめ 5 ①	／	☆	☆☆	☆☆☆
㊜ 単語のまとめ 5 ②	／	☆	☆☆	☆☆☆